TOUT FAIRE SOI-MÊME

ZÉRO BUDGET

TEXTES, PHOTOS ET MISE EN PAGES
Raphaële Vidaling

Tana
éditions

À DÉCOUVRIR DANS LA MÊME COLLECTION

- *Cuisine*
- *Cosmétiques*
- *Produits d'entretien*
- *Remèdes*
- *Goûters et petits déjeuners*
- *Bien-être*
- *Astuces écolo*

ainsi que le gros livre initial

- *Tout faire soi-même*

et l'almanach

- *Cette année, je fais tout moi-même*

Tana S'ENGAGE

TANA est un éditeur qui s'engage pour la préservation de l'environnement et qui utilise du papier issu de forêts bien gérées certifiées FSC® et d'autres sources contrôlées.

Ce livre a été imprimé en France par un imprimeur certifié Imprim'Vert® avec des encres végétales. La couverture ne comprend pas de pelliculage contenant du plastique.

ISBN : 979-10-30102-98-7
Dépôt légal : septembre 2019
Imprimé en France par Pollina - 90684.

Site de l'auteure : raphaelevidaling.fr

Rejoignez-nous sur :
www.tana.fr

MIXTE
Papier issu de sources responsables
FSC® C003309
FSC
www.fsc.org

SOMMAIRE

Introduction 4

CUISINE & BUANDERIE

Comment faire...

- du pesto de fanes de radis 8
- du vinaigre de cidre 9
- des aromates en poudre 10
- de la confiture de peaux de citron 12
- de la confiture avec les fruits des rhums 13
- un probiotique naturel : du kéfir d'eau 14
- des infusions de « mauvaises » herbes 16
- de la lessive au lierre 17
- des savonnettes avec des restes de savon 18
- des grattounettes en filets à légumes 19
- du gel anti-poux 20

PETITS OBJETS DU QUOTIDIEN

Comment faire...

- un diffuseur d'huiles essentielles 24
- un sac avec un tee-shirt 26
- des chaussons avec un vieux gilet 27
- une lampe à huile 28
- une coupelle en noix de coco 30
- un vase dans une ampoule 31
- du fusain avec son sapin de Noël 32
- des chaufferettes en aiguilles de sapin 33
- un porte-monnaie avec une brique de jus 34
- un petit chauffage d'appoint à la bougie 36

MOBILIER & DÉCO

Comment faire...

- un tabouret en bouteilles 40
- des petites tables en béton 42
- un abat-jour en scotch 44
- un mur en patchwork à 2 € 46
- un casier à bouteilles en conserves 48
- un bar en palette 49
- un grand dressing 50
- un portemanteau en branchages 52
- un plafonnier en ombrelles de cocktail 53
- une lampe avec une boîte de conserve 54

AU JARDIN

Comment faire...

- des poireaux qui repoussent tout seuls 58
- un potager de pommes de terre sur son balcon 59
- une banquette en palette 60
- un protège-selle de vélo 62
- un sifflet en noyau d'abricot 63
- un brasero avec un tambour de machine à laver 64
- un transat de plage pliant 65
- du purin d'orties 66
- des lanternes en boules de glace 67
- une baignoire d'extérieur chauffée au feu de bois 68
- une balustrade végétalisée en palettes 70

INTRODUCTION

Au point de départ de la collection « Tout faire soi-même », il y a le fantasme d'autonomie : se libérer d'une addiction aux produits industriels chantée par la publicité, fondatrice du système capitalisme tout entier, pour se découvrir capable de fabriquer les choses soi-même… en attendant de savoir s'en passer. C'est une démarche décroissante qui ne s'appuie pas sur la privation, mais sur la joie de remplacer l'avoir par le faire.

On y privilégie la débrouille plutôt que la norme, la créativité plutôt que la perfection, l'adaptation aux moyens du bord plutôt que le respect des règles. Cela conduit parfois à revenir à des traditions perdues (éroder un simple noyau d'abricot pour fabriquer un sifflet), et d'autres fois à innover à partir de ce que le monde d'aujourd'hui en est venu à produire (comme des filets à légumes en plastique issu du pétrole… dont on peut faire des petites éponges, faute de mieux).

C'est donc une démarche écologique, qui se révolte contre le principe d'obsolescence programmée, responsable de tas de déchets honteux pour l'humanité et lourds pour la planète. À toute petite échelle, celle d'un individu considéré comme un consommateur, comment collaborer le moins possible à ce vaste gâchis ? *A minima*, en achetant moins et en recyclant ce qui est d'ordinaire mis au rebut afin de lui donner une seconde vie.

Zéro budget, c'est trouver de l'or ailleurs que sur son compte en banque. Par exemple, dans ses mains. C'est faire chauffer ses neurones au lieu de sa carte bancaire.

C'est souvent une contrainte subie ; ça peut devenir une démarche délibérée, voire un vrai stimulus à la créativité. Nombre d'artistes ont été amenés à créer à partir de contraintes, notamment financières. Ce qui était au départ un manque de moyens est devenu pour eux l'occasion de se dépasser, d'inventer des procédés, d'aller chercher des matériaux auxquels ils n'auraient pas pensé s'ils avaient eu accès facilement aux fournitures les plus classiques.

Créer des recettes, des objets, des meubles à partir de cette contrainte « zéro budget » (ou presque), c'est refuser de voir le manque d'argent comme un problème, et ouvrir les yeux aux multiples solutions qui s'offrent à nous dès lors qu'on refuse la facilité de tendre la main vers un rayonnage de magasin. Et c'est merveilleux ! Parce que les clémentines se transforment alors en bougies éternelles, les épluchures en mets comestibles, les boîtes de conserve et autres emballages en lampes, en casiers, en objets utiles et beaux. Que demander de plus ?

CUISINE & BUANDERIE

Comment faire

du pesto de fanes de radis

PARMI LES FANES DE LÉGUMES QU'ON A L'HABITUDE DE JETER AU COMPOST, UN GRAND NOMBRE D'ENTRE ELLES SONT UTILISABLES EN CUISINE. C'EST LE CAS DES FEUILLES ET DES TIGES DE RADIS, DONT ON PEUT FAIRE UNE SOUPE, MAIS AUSSI UN PESTO, EN LES MIXANT CRUES. ASSEZ PIQUANT, MAIS DÉLICIEUX !

INGRÉDIENTS

- 1 BOTTE DE RADIS BIO (LES FEUILLES)
- 1 POIGNÉE D'AMANDES
- 1 GOUSSE D'AIL
- 3 C. À S. D'HUILE D'OLIVE
- 2 C. À C. DE MIEL OU DE SIROP D'AGAVE
- SEL ET POIVRE

1 Couper les radis et les parer pour les croquer tout crus. Bien rincer les fanes afin de retirer la terre.

2 Passer les fanes au mixeur avec l'huile, l'ail et les amandes jusqu'à obtenir une texture homogène (ajouter de l'huile, au besoin).

3 Goûter et ajuster l'assaisonnement avec le miel ou le sirop d'agave (qui adoucit la saveur piquante du radis), le sel et le poivre.

4 Consommer cru, en dip ou sur des tartines, ou encore en sauce d'accompagnement de pâtes ou de légumes crus ou cuits.

Comment faire du vinaigre de cidre

DE L'EAU, DES ÉPLUCHURES ET DES TROGNONS DE POMME : QUI DIT MIEUX COMME LISTE D'INGRÉDIENTS GRATUITS ? AVEC TOUT ÇA, ET EN Y AJOUTANT UN PEU DE PATIENCE, ON PEUT NÉANMOINS PRODUIRE SON PROPRE VINAIGRE DE CIDRE.

INGRÉDIENTS

- DES ÉPLUCHURES DE POMMES BIO
- DE L'EAU

1 Quand on a l'occasion de consommer des pommes (obligatoirement bio), conserver les épluchures et les trognons dans un bocal et les recouvrir d'eau. Ne pas fermer hermétiquement, protéger d'une gaze.

2 Au bout de quelques semaines, une écume va se former à la surface. Filtrer : le vinaigre de pomme est prêt !

ET LE VINAIGRE DE VIN ?

Pour réaliser du vinaigre de vin, la méthode la plus simple consiste à laisser tourner du vin, en oubliant, ouverte, une bouteille de vin peu alcoolisé aux trois quarts pleine. Patienter environ 2 semaines en été et 2 mois en hiver. Encore plus infaillible quand on ajoute un peu de vinaigre déjà fait. Lorsqu'un voile apparaît à la surface (la mère), ajouter du vin et attendre encore 3 semaines.

Comment faire soi-même des aromates en poudre

IL NOUS EST À TOUS ARRIVÉ D'ACHETER UNE BOTTE D'ESTRAGON OU DE CIBOULETTE POUR FAIRE UNE RECETTE, PUIS DE LAISSER LE RESTE SE PERDRE AU RÉFRIGÉRATEUR. VOICI COMMENT LA SAUVER DU GÂCHIS. ET AUSSI COMMENT RÉALISER DES POUDRES AVEC VOS ÉCORCES D'AGRUMES, ÉGALEMENT RESCAPÉS DE LA POUBELLE.

INGRÉDIENTS

- DES HERBES AROMATIQUES
- DES ÉCORCES D'ORANGE ET DE CITRON BIO

LES POUDRES D'HERBES

1 Dans un monde idéal, on va cueillir les herbes aromatiques dans son jardin et on les fait sécher encore fraîches, par petits bouquets, tête en bas. C'est bien mieux que l'option suivante, car les herbes gardent leur saveur et leurs vertus.

2 Dans un monde ordinaire et urbain, où l'on fait comme on peut, au moment où l'on se rend compte qu'on va perdre une botte d'herbes entamée, plutôt que de la laisser se flétrir, la hacher au couteau et l'étaler finement entre deux couches d'essuie-tout (ou de tissu) et la passer au micro-ondes pendant 1 minute. Prolonger la cuisson au besoin, jusqu'à ce qu'elles soient bien sèches.

3 Mixer finement ces herbes au moulin à café électrique et les conserver dans des petites boîtes ou des bocaux. On peut aussi inventer des mélanges.

LES POUDRES D'AGRUMES

1 À chaque fois qu'on consomme la pulpe ou le jus d'un citron ou d'une orange (non traités après récolte), penser à prélever leur zeste, grossièrement, à l'aide d'un épluche-légumes.

2 Laisser ces zestes sécher naturellement, si possible en les mettant au soleil, jusqu'à ce qu'ils deviennent cassants.

3 Les mixer finement au moulin à café électrique, jusqu'à obtenir une poudre, que l'on peut éventuellement tamiser. On peut s'en servir pour parfumer un gâteau, un yaourt, des crêpes, mais aussi toutes sortes de plats salés, des salades, des plats mijotés… Une vraie merveille !

Comment réaliser de la confiture d'écorces de citron

SI VOUS ÊTES ADEPTE DU RITUEL DU JUS DE CITRON AU PETIT DÉJEUNER, VOICI UNE ASTUCE ANTI-GASPI POUR RECYCLER LES ÉCORCES, QUE VOUS AUREZ FAIT CONGELER JOUR APRÈS JOUR. TIRÉE DE L'EXCELLENT BLOG DE CUISINE ELISABETHSCOTTO.COM. MERCI ÉLISABETH !

INGRÉDIENTS

- 1 KG D'ÉCORCES DE CITRON BIO CONGELÉES
- 750 G DE SUCRE BLOND BIO
- 2 GOUSSES DE VANILLE

1 À chaque fois que l'on utilise un citron bio pour son jus, conserver l'écorce, la couper grossièrement en morceaux et la mettre au congélateur dans une boîte ou un sachet.

2 Quand on obtient 1 kg de ces écorces d'agrume, les laisser reposer 30 minutes en dehors du congélateur pour qu'elles ne soient pas trop dures.

3 Mixer ces écorces au robot, pas trop finement, afin qu'il reste des petits morceaux dans la confiture.

4 Mettre dans une grande sauteuse les écorces avec le sucre. Fendre et gratter les gousses de vanille dans la sauteuse, mélanger et laisser reposer jusqu'à ce que le sucre fonde avec les citrons qui achèvent de décongeler, soit pendant 1 heure environ.

5 Porter à ébullition et laisser bouillonner pendant 20 minutes environ.

6 Retirer du feu et laisser refroidir. (Cela prend plus de 1 heure.) Pendant ce temps, stériliser les bocaux en les trempant dans de l'eau bouillante pendant 10 minutes, puis en les laissant sécher sur un torchon propre. On aura besoin de 8 à 10 bocaux ordinaires.

7 Porter à nouveau la confiture à ébullition et laisser cuire pendant 5 minutes à gros bouillons.

8 Répartir la confiture dans les pots stérilisés, les fermer et les retourner.

Comment réaliser de la confiture avec les fruits des rhums arrangés

Vous aimez les rhums arrangés ? C'est vrai que c'est un bon moyen de confectionner soi-même des alcools très parfumés à partir de rhum ordinaire, de fruits, d'épices et de sucre. Bonne nouvelle : quand le bocal est vide, la fête n'est pas finie ! On peut encore réaliser de la confiture avec les fruits qui ont mariné plusieurs mois dans l'alcool, plutôt que de les jeter.

INGRÉDIENTS

- DES FRUITS MACÉRÉS DANS LE RHUM
- DU SUCRE DE CANNE

1 Retirer les fruits du rhum et les égoutter, puis les peser et les mettre dans une casserole.

2 Ajouter la moitié de leur poids en sucre et porter à ébullition en utilisant un thermomètre à sucre.

3 Stopper la cuisson quand la température atteint 105 °C. Mixer les fruits plus ou moins grossièrement.

4 Verser dans des pots ébouillantés, les retourner et les laisser refroidir.

IDÉE BONUS

Testé et approuvé sur le même principe : la confiture des fruits restant d'une sangria.

Comment faire un probiotique naturel : du kéfir d'eau

UNE BOISSON FERMENTÉE RICHE EN BACTÉRIES ET EN LEVURES QUI AMÉLIORE LA DIGESTION ET L'ÉVACUATION DES TOXINES. EN SOMME, UNE SORTE DE MÉDICAMENT QUASIMENT GRATUIT, PUISQU'IL SUFFIT DE TROUVER UN GÉNÉREUX DONATEUR DES GRAINS DE KÉFIR, QUI SE REPRODUIRONT CHEZ VOUS ET QUE VOUS POURREZ ENSUITE REDISTRIBUER. SOIT DE LA GRATUITÉ QUI GÉNÈRE DE LA RICHESSE ET DU DON !

INGRÉDIENTS POUR 1,5 L DE KÉFIR

- 60 G DE GRAINS DE KÉFIR
- 1,5 L D'EAU DE SOURCE
- 2 RONDELLES DE CITRON (OU D'ORANGE)
- 3 C. À S. DE SUCRE EN POUDRE
- 2 FIGUES SÈCHES

1 Mettre tous les ingrédients dans un bocal large et laisser fermenter à température ambiante, sans le fermer de façon hermétique (une gaze suffit, pour éviter l'accès des moucherons).

2 Quand les figues sont remontées à la surface (compter entre 24 et 48 heures), le kéfir est prêt. Retirer les figues et le citron, filtrer le mélange (éviter le contact avec le métal), verser la boisson dans des bouteilles de verre, les conserver au frais et consommer le kéfir dans les trois jours.

ET APRÈS ?

Les grains de kéfir peuvent servir à nouveau, de très nombreuses fois. Si on ne les utilise pas pendant une période assez courte, les conserver dans un bocal d'eau, au réfrigérateur. Si c'est pour une longue période, on peut les congeler.

VARIANTES

• On appelle cette boisson « kéfir d'eau » ou « kéfir de fruits ». Il existe aussi du kéfir de lait, mais il n'est pas fait avec les mêmes souches.

• On peut remplacer les figues par d'autres fruits secs : raisins, abricots, pruneaux… On peut aussi ajouter des herbes aromatiques : coriandre, menthe, citronnelle…

• Si l'on remplace l'eau par du jus de pomme, celui-ci fermente, donc on obtient une sorte de cidre !

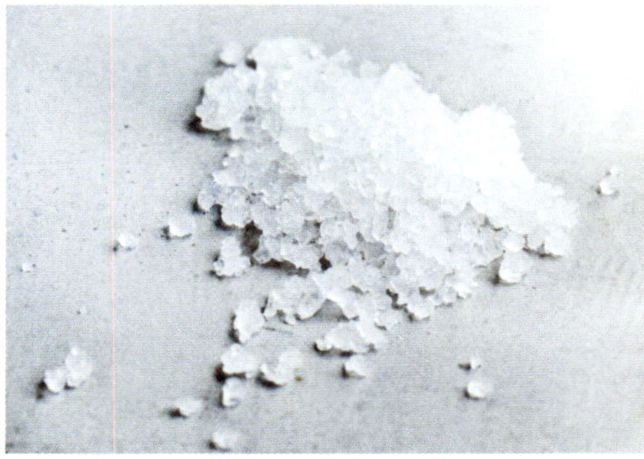

COMMENT ÇA MARCHE ?

Pour commencer, il vous faut des grains de kéfir, une matière vivante et fragile dont il faudra prendre grand soin. Traditionnellement, ils se transmettent gratuitement, par voisinage (ou sur des sites de partage). On peut néanmoins s'en procurer sur Internet. Non seulement ils sont réutilisables presque à l'infini, mais ils vont proliférer, donc vous pourrez en distribuer autour de vous à votre tour…

Comment réaliser des infusions de « mauvaises » herbes

On a l'habitude de les considérer comme des nuisibles au jardin, alors qu'elles ont des vertus thérapeutiques.

Infusion d'orties
contre les jambes lourdes

INGRÉDIENTS

- 10 FEUILLES DE PLANTAIN
- 10 FEUILLES OU FLEURS DE PISSENLIT
- 10 FEUILLES D'ORTIE
- 1 L D'EAU

1 Faire infuser les plantes dans l'eau bouillante pendant environ 10 minutes.

2 Boire tout au long de la journée, et manger de préférence des ingrédients diurétiques : maïs doux, poireau, céleri, pastèque, asperges, concombre et curcuma.

Pour réduire la sensation de jambes lourdes, on peut aussi réaliser une décoction de feuilles d'olivier séchées.

Bain de bouche à la ronce
contre les gencives irritées

INGRÉDIENTS

- 1 POIGNÉE DE FEUILLES DE RONCE
- DE L'EAU

1 Cueillir les jeunes feuilles de ronce aux extrémités des rameaux.

2 Les laver au besoin, puis les plonger dans un bol d'eau bouillante et les laisser infuser pendant 10 minutes.

3 Filtrer la préparation et l'utiliser en bain de bouche dès qu'elle a suffisamment tiédi. La feuille de ronce contient des antioxydants et de la vitamine C. Antibactérienne, elle est utilisée pour apaiser les gencives sensibles, les petites plaies dues aux morsures et les douleurs des caries. On peut y ajouter du clou de girofle.

Comment fabriquer

de la lessive au lierre

IL PULLULE LE LONG DES MURS OU ASPHYXIE LE TRONC DES ARBRES DU JARDIN : LE LIERRE ENVAHISSANT QUE VOUS ARRACHEZ DE TEMPS EN TEMPS, POURQUOI NE PAS LE CONVERTIR EN LESSIVE ? IL CONTIENT DES SAPONINES, QUI REMPLACENT LE SAVON.

INGRÉDIENTS

- 200 FEUILLES DE LIERRE GRIMPANT
- 3 L D'EAU
- DU VINAIGRE BLANC EN ADOUCISSANT

1 Froisser vigoureusement les feuilles de lierre fraîchement coupées. On peut aussi les hacher grossièrement au couteau.

2 Les mettre dans un faitout avec l'eau, porter à ébullition et faire cuire à frémissement pendant 20 minutes.

3 Laisser infuser à couvert pendant 24 heures.

4 Malaxer le mélange à la main, essorer les feuilles : ça mousse ! C'est bon signe, ça veut dire que la préparation est riche en saponine.

5 Filtrer et mettre en bidon. On l'utilisera en machine à 30 °C au minimum (température à partir de laquelle la saponine est efficace), et plutôt sur du linge foncé et modérément sale. Verser dans le bac à lessive 1 petit verre de lessive au lierre et ajouter un peu de vinaigre blanc dans le compartiment de l'adoucissant.

COMMENT FABRIQUER

des savonnettes avec des restes de savon refondus

SALLE DE BAINS, WC, CUISINE… FAISONS LES FONDS DE COUPELLES ET RÉCUPÉRONS LES ROGATONS DE SAVON. UNE FOIS FONDUS, ON PEUT LES PARFUMER, VOIRE Y AJOUTER DES EXFOLIANTS ET FABRIQUER DES PETITES SAVONNETTES TOUTES MIGNONNETTES.

INGRÉDIENTS POUR 2 SAVONNETTES

- 50 G DE RESTES DE SAVON
- 1 C. À S. D'HUILE D'OLIVE
- 1 C. À S. DE MIEL LIQUIDE

+ au choix :

- 2 C. À S. DE MENTHE SÉCHÉE
- 2 C. À S. DE ZESTE DE CITRON SÉCHÉ MOULU
- 15 GOUTTES D'HUILE ESSENTIELLE
- 1 C. À S. D'EXFOLIANT (marc de café, poudre d'amandes, sable fin, noix de coco râpée, flocons d'avoine…)

1 Râper les restes de savon à l'aide d'une râpe ordinaire.

2 Les faire fondre au bain-marie dans un fond d'eau. Avec certains savons, ça peut être très long. On peut aussi choisir de laisser des petits morceaux apparents dans l'agglomérat.

3 Ajouter l'huile et le miel, puis les agents aromatiques et/ou les exfoliants, et bien mélanger.

4 Verser dans des moules en silicone pour pâtisserie et laisser les savons se solidifier.

ASTUCE RÉCUP'

Encore plus simple : on met tous les bouts de savon dans le fond d'un bas ou d'un collant usagé, on coupe à la bonne hauteur et on fait un nœud. Il en résulte un petit paquet à usage de savonnette : la mousse passe à travers le filet très fin du collant.

Comment confectionner des grattounettes en filets à légumes

LES PETITS FILETS À LÉGUMES, ENCORE DU PLASTIQUE DONT ON SE PASSERAIT BIEN. MAIS, PUISQU'ILS EXISTENT, AUTANT LES RECYCLER EN ÉPONGES LÉGÈREMENT GRATTANTES ET DOUCES.

MATÉRIEL

- DES PETITS FILETS À LÉGUMES EN PLASTIQUE
- DES CISEAUX
- DES ÉPINGLES OU DES PETITES PINCES
- UNE MACHINE À COUDRE

1 Découper les filets de façon à supprimer les extrémités et à conserver une forme de manchon.

2 Replier les extrémités (qui s'effilochent) vers l'intérieur du manchon, puis plier l'ensemble sur lui-même, éventuellement plusieurs fois, selon la taille du filet, jusqu'à obtenir un carré de la dimension souhaitée.

3 On peut aussi glisser au cœur de ce millefeuille deux carrés de filet plus rigide, par exemple à pommes de terre.

4 Maintenir cet assemblage à l'aide d'épingles ou de petites pinces, puis coudre le pourtour à la machine à 0,5 cm du bord. Coudre ensuite les bords en zigzag pour éviter l'effilochage.

Comment fabriquer du gel anti-poux le moins cher du monde

C'EST LE CAUCHEMAR DES PARENTS. ET POURTANT, LES POUX REVIENNENT CHAQUE ANNÉE PIRATER... VOTRE PORTE-MONNAIE ! VOICI UNE SOLUTION RADICALE, FACILE ET TRÈS ÉCONOMIQUE : À PEINE QUELQUES CENTIMES. À CE PRIX-LÀ, ON N'A PLUS D'EXCUSE POUR CONTAMINER TOUTE LA CLASSE !

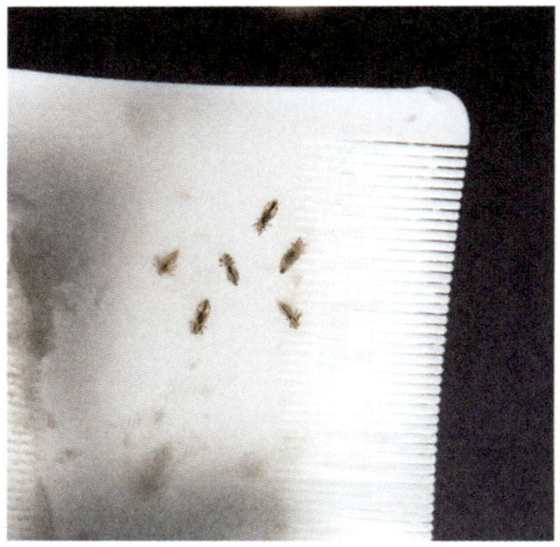

INGRÉDIENTS

- 10 CL DE VINAIGRE BLANC
- 2 C. À C. DE GOMME XANTHANE
- 3 GOUTTES D'HUILE ESSENTIELLE DE LAVANDE FINE

1 Fouetter la gomme en poudre avec un petit peu d'eau, puis verser le vinaigre et l'huile essentielle de lavande (réputée anti-poux, mais qui sert aussi à masquer l'odeur du vinaigre). Fouetter encore vigoureusement : il est difficile d'éviter les grumeaux, mais ils n'entravent pas l'efficacité. Au pire, pour obtenir une texture parfaitement lisse, on peut passer le mélange au blender.

2 Attendre quelques instants que le gel prenne, puis appliquer généreusement (plus exactement férocement) sur cheveux démêlés. Les quantités indiquées conviennent pour une personne aux cheveux mi-longs.

3 Le vinaigre pique un peu : les enfants risquent de se plaindre… mais la plupart trouvent ça supportable. Enfiler un bonnet de bain en plastique bien serré et laisser agir pendant 1 heure.

4 Rincer le gel : à la différence d'autres produits, il part facilement et ne laisse pas les cheveux gras. Faire un shampoing ordinaire, et si possible un masque après-shampoing au karité, pour faciliter le passage du peigne à poux. On constate avec satisfaction que les petites bêtes sont bien mortes.

5 Renouveler le traitement une semaine après pour accueillir les poux nouveau-nés.

Troisième option : saupoudrer la tête de terre de diatomée, un insecticide naturel sans danger pour l'homme, puis faire un masque au karité, car le produit dessèche les cheveux.

AUTRE FAÇON DE PROCÉDER

Une option radicale sans xanthane consiste à s'allonger sur un lit et à tremper sa tête dans un saladier posé sur un tabouret de façon à immerger totalement la chevelure dans 3 litres de vinaigre blanc (un peu chauffé pour le confort). Patienter ainsi en écoutant 3 chansons, puis rincer. On peut même récupérer le vinaigre pour la prochaine fois : un soin radical quasi gratuit !

La gomme xanthane est une poudre alimentaire à effet gélifiant instantané à froid. On en trouve à 17 € le kilo (à partager avec les parents de l'école !), ou en petits sachets. C'est le vinaigre qui tue les poux, mais le gélifiant permet une texture épaisse qui colle aux cheveux et ne coule pas sur le visage ou dans le cou.

PETITS OBJETS DU QUOTIDIEN

Comment bricoler un diffuseur d'huiles essentielles

UN BRÛLE-PARFUM À RÉALISER EN CINQ MINUTES AVEC UNE CANETTE SAUVÉE DE LA POUBELLE.

MATÉRIEL

- UNE PETITE CANETTE VIDE
- UN CUTTER DE PRÉCISION
- UN MARQUEUR (FACULTATIF)
- UNE BOUGIE CHAUFFE-PLAT
- DES HUILES ESSENTIELLES AU CHOIX

1 Retourner la canette et découper une ouverture à la base, à l'aide du cutter de précision, de façon à pouvoir faire entrer une bougie chauffe-plat.

2 La décorer avec le marqueur indélébile.

3 Verser un peu d'eau dans le petit creux supérieur, ajouter quelques gouttes d'huile essentielle et allumer la bougie.

4 Attention ! La canette va vite devenir chaude. Si vous devez la déplacer, prenez-la plutôt par la base que vers le haut, qui est encore plus chaud. Et veillez à ce qu'il reste toujours de l'eau dans la coupelle.

QUELLES HUILES ESSENTIELLES EN PARFUM D'AMBIANCE ?

Pour purifier l'air :
- citron
- thym
- pamplemousse
- pin sylvestre

Pour apaiser les tensions :
- lavande
- eucalyptus
- ylang-ylang
- petit grain bigaradier

Pour égayer l'humeur :
- mandarine
- menthe
- cèdre
- jasmin

Pour méditer :
- basilic
- santal
- encens oliban
- cèdre de l'Atlas

Comment fabriquer

un sac avec un tee-shirt

UN PETIT QUART D'HEURE DE COUTURE SANS MACHINE,
SOIT LE TEMPS D'ÉCOUTER CINQ CHANSONS,
ET VOILÀ UN VIEUX TEE-SHIRT TRANSFORMÉ EN TOTE BAG !

MATÉRIEL

- UN TEE-SHIRT
- UN BOUT DE SAVON
- DES CISEAUX
- DES ÉPINGLES DE COUTURE
- DU FIL ET UNE AIGUILLE

1 Bien étaler le tee-shirt et le plier en deux, manche contre manche.

2 Dessiner la découpe comme sur la photo ci-dessous, puis retirer les manches et l'encolure afin de former les deux anses. Les couturières utilisent une craie spéciale pour marquer le contour à découper sur le tissu. On peut la remplacer par un bout de savon, qui laissera une marque discrète et facile à laver ensuite.

3 Retourner le tee-shirt et épingler bord à bord le bas, qui formera le fond du sac. Coudre ensemble les deux ourlets. Et voilà !

Comment se faire des chaussons avec un vieux gilet

L'ASTUCE À RETENIR : PASSER UN VIEUX PULL EN LAINE À LA MACHINE AFIN DE LE FEUTRER. IL DEVIENT PLUS ÉPAIS, PLUS RIGIDE, ET SURTOUT ON PEUT COUPER DEDANS SANS QUE LES BORDS S'EFFILOCHENT, COMME SI C'ÉTAIT DE LA FEUTRINE, CE QUI OUVRE PLEIN DE PERSPECTIVES DE BRICOLAGES FACILES !

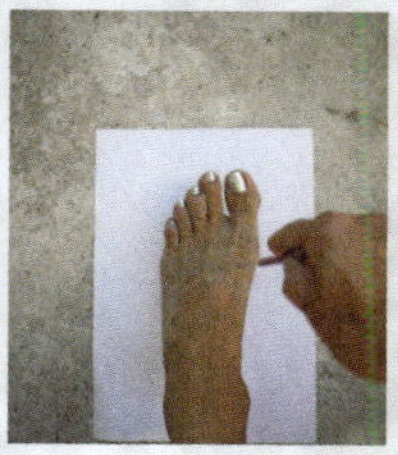

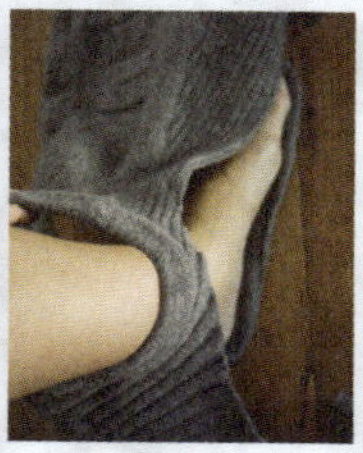

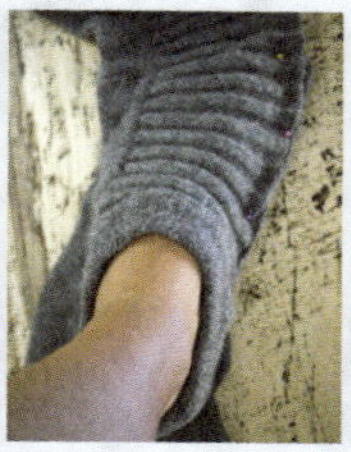

MATÉRIEL

- UN GILET SANS MANCHES 100 % LAINE
- DES CISEAUX
- UN PAPIER ET UN CRAYON
- DES ÉPINGLES
- DU FIL ET UNE AIGUILLE

1 Passer le pull à la machine afin de feutrer la laine.

2 Poser un pied sur un papier et en tracer le contour. Le découper.

3 Utiliser ce papier comme patron pour découper deux semelles dans le dos du gilet.

4 Enfiler un pied dans l'emmanchure, le poser sur une semelle de laine et piquer les épingles tout autour selon ce qui est confortable et esthétique. Procéder de même avec l'autre pied.

5 Coudre la semelle et le dessus, bord à bord, par l'extérieur. Dans la laine, cette couture sera peu visible.

Comment fabriquer une lampe à huile

LES LAMPES À HUILE EXISTENT DEPUIS... LA NUIT DES TEMPS POUR APPORTER UN PEU DE LUMIÈRE. IL N'Y A PAS PLUS ÉCONOMIQUE : UNE MÈCHE ROULÉE AVEC UN BOUT DE MOUCHOIR EN PAPIER, UN CONTENANT, DE L'HUILE, C'EST TOUT ! EN VOICI DEUX VERSIONS.

Dans une clémentine

MATÉRIEL
- UNE CLÉMENTINE
- DE L'HUILE DE CUISINE
- UN COUTEAU FIN
- DES ALLUMETTES

1 Pratiquer une entaille horizontale sur tout le périmètre de la clémentine, au milieu, mais seulement sur l'épaisseur de l'écorce.

2 Retirer délicatement les demi-coques d'écorce.

3 L'une des moitiés contient une petite tige blanche : elle servira de mèche. Verser quelques gouttes d'huile, de façon à imbiber la mèche et le fond de la demi-coque.

4 Fendre le centre de la moitié qui fera couvercle de façon à pratiquer un trou en forme d'étoile.

5 Allumer la mèche et refermer la clémentine. Il suffira d'ajouter de l'huile quand la flamme faiblira.

Dans un coquillage

MATÉRIEL

- DES COQUILLAGES
- DE L'HUILE VÉGÉTALE
- DES HUILES ESSENTIELLES
- DES MÈCHES EN COTON (SINON, DE L'ESSUIE-TOUT)
- UN BOUCHON DE LIÈGE
- UNE CANETTE VIDE
- DE LA PÂTE ADHÉSIVE OU DU FIL DE FER
- UN COUTEAU À DENTS
- DES CISEAUX
- UNE POINTE (VRILLE, COMPAS...)
- DES ALLUMETTES

1 Commencer par stabiliser les coquillages : ils doivent pouvoir contenir du liquide sans risquer de le répandre. On peut faire le test avec un peu d'eau et s'aider soit d'un peu de pâte adhésive soit d'un petit support en fil de fer.

2 Deux techniques selon la forme du coquillage. S'il s'agit d'une sorte d'huître (à gauche sur la photo), avec une cavité puis une zone plate, on pourra se contenter de mettre tout simplement de l'huile au fond, et la mèche posée sur le bord. C'est ce qu'on fait couramment en Inde, dans n'importe quelle coupelle.

3 Si le coquillage est plus profond et sans rebord plat, on va plutôt fabriquer une mèche flottante. Couper une rondelle dans le bouchon de liège avec le couteau à dents. Découper aux ciseaux une rondelle de même diamètre dans le métal d'une canette. Percer ces deux rondelles en leur centre et y glisser la mèche en la faisant dépasser de 1 cm à peine au-dessus et de 2 cm en dessous. Voici un petit flotteur protégé du feu par le métal. Cette technique servira pour toutes sortes de récipients : pots en zinc, bocaux remplis de jolies choses immergées dans l'huile (herbes et fleurs parfumées), etc.

4 On peut fabriquer la mèche soi-même avec un petit morceau d'essuie-tout ou de mouchoir en papier de 4 x 6 cm environ, plié en deux puis roulé très serré sur lui-même.

5 Verser de l'huile dans le coquillage, ajouter quelques gouttes d'huile essentielle pour parfumer (par exemple antimoustiques), bien imbiber la mèche des deux côtés et allumer.

COMMENT FABRIQUER une coupelle en noix de coco

UNE SI BELLE MATIÈRE, LA COQUE DE LA NOIX DE COCO, QU'ON N'A PAS ENVIE DE LA JETER…

MATÉRIEL

- DU MÉLANGE À BÉTON EXPRESS
- UN PLAT QUI SERT DE MOULE
- UNE NOIX DE COCO
- DU PAPIER DE VERRE

1 Lâcher tout simplement la noix de coco sur un sol en pierre (par exemple dehors, pour que l'eau de coco ne tache pas). La coque va se fendre très facilement. En récupérer un morceau à usage de coupelle.

2 Mélanger le béton en poudre avec de l'eau en suivant les indications sur le paquet ou au jugé, soit environ 1 volume d'eau pour 4 volumes de poudre, afin d'obtenir une pâte un peu épaisse et homogène (la consistance importe peu)

3 Verser ce mélange dans le moule choisi (idéalement en silicone souple, mais l'objet sur la photo a été moulé dans un petit saladier en métal). Tapoter pour faire remonter l'air : c'est ce qui garantit une texture lisse.

4 Enfoncer la coque de noix de coco de façon à la faire affleurer. Laisser sécher.

5 Démouler à l'envers en tapotant doucement. Quand on est patient, l'objet finit toujours par se détacher du moule.

6 Poncer les bords pour affiner le résultat. On peut aussi huiler la noix de coco pour faire ressortir le veinage.

IDÉE BONUS

Un joli bol se casse ? Au lieu de le jeter, on peut le recoller puis utiliser la même technique en mettant le bol à la place de la noix de coco.

Comment faire un vase dans une ampoule

UN BRICOLAGE RECYCLAGE QUI DONNE DES ALLURES DE DESIGN À UN BEL OBJET QUE L'OBSOLESCENCE PROGRAMMÉE DESTINE À LA POUBELLE : UNE SIMPLE AMPOULE EN PANNE.

MATÉRIEL

- UNE AMPOULE USAGÉE (SANS MERCURE)
- DU FIL TRANSPARENT
- UNE PINCE À BOUT POINTU
- UNE VRILLE
- UN TOURNEVIS
- UN MARTEAU

1 Commencer par retirer la petite tête métallique au centre de la zone noire, au pied de l'ampoule. On peut s'aider de la pince (voire d'un cutter). Elle saute assez facilement.

2 Ensuite, pour casser l'anneau de plastique noir, on peut enfiler une vrille dans le trou central et s'en servir comme pivot. Finir de briser les morceaux à la pince.

3 Enfiler le tournevis dans l'ampoule et casser l'intérieur en tapant délicatement avec le marteau. Si on travaille au sol, on peut tenir l'ampoule avec les genoux, car elle est fragile. Attention aux éclats de verre (dans les yeux et au sol). Retirer les morceaux avec la pince à bout pointu et passer aussitôt l'aspirateur.

4 Cette ampoule vide est très inspirante ! On peut en faire un mobile, une lampe à huile, une boule à neige ou même un verre insolite... Pour en faire un vase suspendu, percer dans le métal deux petits trous diamétralement opposés et y passer un fil transparent.

Comment faire du fusain avec son sapin de Noël

L'IDÉAL, POUR FAIRE DU FUSAIN… C'EST DE PRENDRE DES BRINDILLES DE FUSAIN, CAR LE MOT DÉSIGNE AUSSI UN ARBRE. TOUTEFOIS, À DÉFAUT, ON PEUT UTILISER UN AUTRE ÉPINEUX, PAR EXEMPLE CE SAPIN DE NOËL DONT VOUS NE SAVEZ PAS QUOI FAIRE À LA NOUVELLE ANNÉE.

MATÉRIEL

- DES PETITES BRANCHES D'ÉPINEUX
- UNE BOÎTE EN MÉTAL QUI FERME (À DÉFAUT, UNE BOÎTE DE CONSERVE FERMÉE PAR DU PAPIER D'ALUMINIUM)
- UN RÉCHAUD, UNE PLAQUE DE GAZ OU UN FEU
- UN BRIQUET OU DES ALLUMETTES
- UNE PINCE (DE CUISINE OU DE CHEMINÉE)

1 Couper des brindilles de sapin de Noël et retirer leurs épines. Quand elles ne sont pas trop fines, c'est encore mieux de leur retirer l'écorce à l'aide d'un couteau.

2 Les placer dans la boîte en métal, fermer le couvercle et le percer d'un petit trou.

3 Placer cette boîte fermée sur un réchaud, un brûleur à gaz ou des braises. (Si vous faites ça à l'intérieur, ouvrez les fenêtres!) Bientôt, une fumée blanche va sortir: c'est l'humidité qui s'évapore. Ensuite, la fumée deviendra noire.

4 Quand plus rien ne sort, faire un test en présentant la flamme d'un briquet ou d'une allumette au-dessus du trou de la boîte. Si une flamme se maintient dans le trou, c'est que la combustion a été effectuée.

5 Arrêter le feu, prendre la boîte avec une pince et la plonger dans de l'eau pour la refroidir instantanément. L'ouvrir: les fusains sont prêts pour dessiner!

COMMENT FAIRE des chaufferettes parfumées avec des aiguilles de sapin

TOUS CES SAPINS QUI FINISSENT SUR LE TROTTOIR, QUEL DOMMAGE ! ET SI ON PROLONGEAIT LEUR USAGE EN MIXANT LES ÉPINES SÉCHÉES DANS UNE BOUILLOTTE SÈCHE ?

MATÉRIEL
- QUELQUES BRANCHETTES D'ÉPICÉA
- DU TISSU ÉPAIS
(SUR LA PHOTO, RÉCUP D'UNE ANCIENNE ÉCHARPE)
- UN ROBOT OU UN MOULIN À CAFÉ ÉLECTRIQUE
- DES CISEAUX
- UNE FEUILLE ET UN CRAYON
- DES ÉPINGLES DE COUTURE
- DU FIL À BRODER ET UNE AIGUILLE

1 Choisir un épicéa et non un sapin de Nordmann : celui qui sent bon et qui perd facilement ses épines. Récolter quelques poignées de ces épines après Noël, quand on est triste à l'idée de jeter son sapin.

2 Les étaler sur un plateau pour bien les faire sécher, puis les passer au mixeur afin d'obtenir une poudre grossière : ça exhale les parfums et ça pique moins à travers le tissu.

3 Dessiner un cactus sur une feuille de papier, puis découper la forme et l'épingler sur le tissu choisi. Découper le tissu en s'aidant de ce patron. Réitérer l'opération pour obtenir deux formes identiques quand on les met dos à dos.

4 Broder dessus quelques petites étoiles ou des croix pour figurer les fleurs de cactus.

5 Épingler ensemble les deux découpes identiques, puis les coudre. Conseil pour la couture : cherchez sur Internet un tuto sur le point de feston et vous verrez comment réaliser très facilement cette bordure brodée.

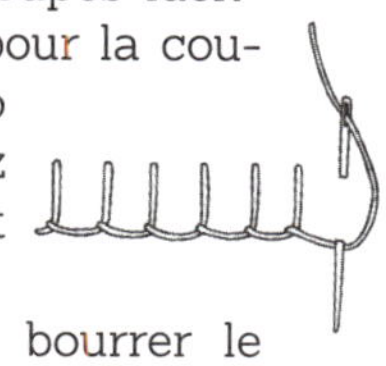

6 Avant d'avoir fait tout le tour, bourrer le cactus avec des épines de sapin hachées, puis terminer la couture au point de feston.

7 Voilà un petit doudou qui sent déjà très bon. Pour le chauffer, le faire passer au four à micro-ondes pendant environ 20 secondes. Hmmm, la bonne odeur de Noël !

Comment fabriquer un porte-monnaie avec une brique de jus

UN PORTE-MONNAIE QUI VAUT AU MOINS UNE BRIQUE !
TRÈS SIMPLE À RÉALISER ET ÉTONNAMMENT SOLIDE.

MATÉRIEL

- UNE BRIQUE DE JUS OU DE LAIT AVEC BOUCHON VISSÉ
- DES CISEAUX
- UN CUTTER DE PRÉCISION
- UNE AGRAFEUSE
- DU MASKING TAPE (FACULTATIF)

1 Aplatir la brique et en supprimer les deux extrémités. La rincer et la sécher.

2 Replier vers l'intérieur les côtés en ménageant un long pli central.

3 Replier l'ensemble, bouchon vers le haut, sur un segment qui correspondra à la profondeur du porte-monnaie.

4 Découper ce qui dépasse de cette zone repliée à l'exception du « dos », lequel servira à faire le rabat de fermeture.

5 Replier ce rabat par-dessus le bouchon, bien appuyer pour que le bouchon y laisse une marque. Découper le rabat aux ciseaux (par exemple de forme arrondie) puis découper au cutter un trou dedans, là où le bouchon a laissé une trace.

6 Agrafer ensemble les deux compartiments, à l'intérieur du porte-monnaie. Décorer les bords en collant du masking-tape. On peut aussi en coller sur le bouchon pour le décorer.

1

2

3

4

5

6

Une matière souple qu'on n'a pas l'habitude d'utiliser de cette façon.

Comment fabriquer un petit chauffage d'appoint à la bougie

UN EFFET NON NÉGLIGEABLE POUR UN COÛT MINIMAL !

MATÉRIEL

- UN POT EN TERRE DE 11 CM DE DIAMÈTRE
- UN POT EN TERRE DE 15 CM DE DIAMÈTRE
- UN POT EN TERRE DE 20 CM DE DIAMÈTRE
- UNE COUPELLE EN TERRE POUR LA BASE
- 30 CM DE TIGE FILETÉE DE 6 MM DE DIAMÈTRE
- 8 ÉCROUS DE 6 MM
- 6 RONDELLES LARGES
- 2 RONDELLES ENCORE PLUS LARGES (SELON LA TAILLE DU TROU DU GROS POT)
- 2 RACCORDS DE TIGE DE 2 CM
- DES BOUGIES
- UNE PINCE
- UNE PERCEUSE AVEC UN FORET À BÉTON DE 6

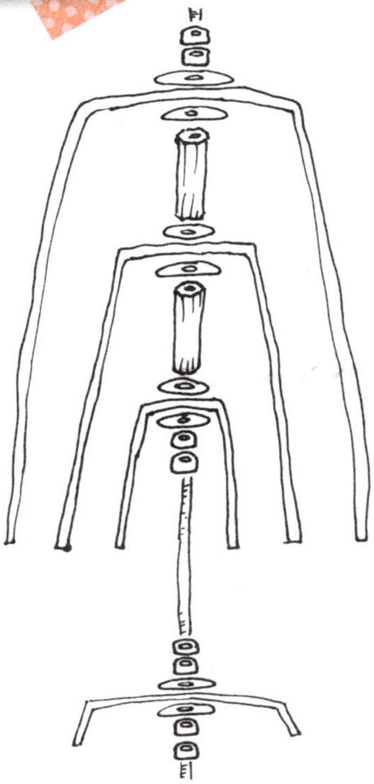

1 Immerger la coupelle dans de l'eau pendant 30 minutes pour faciliter le perçage, puis percer au centre un trou de 6 mm.

2 Fixer l'extrémité de la tige filetée sur cette base avec 2 écrous et une rondelle dessous et dessus. Bien serrer à la pince les 2 écrous pour les bloquer : c'est l'astuce pour que l'ensemble ne bouge plus.

3 Environ 19 cm plus haut sur la tige, enfiler 2 écrous, une rondelle, le petit pot à l'envers, une rondelle puis le raccord de tige.

4 Enfiler une rondelle puis le pot de taille moyenne. Son pourtour inférieur devrait être au même niveau que celui du petit pot. Au besoin, dévisser un peu le raccord pour le remonter et parfaire cet ajustement.

5 Terminer par une plus grande rondelle, le grand pot (aligné sur la base, comme le précédent), l'autre grande rondelle et deux écrous. Sur la photo finale, on a ajouté un écrou borgne à seule fin esthétique.

6 Poser les bougies sur la base et les allumer : la chaleur va monter sous les pots et se diffuser beaucoup plus efficacement que si on se contentait de consumer les bougies seules.

MOBILIER
& DÉCO

COMMENT FABRIQUER

un tabouret en bouteilles

RECYCLONS CE QUI ENCOMBRE : DES BOUTEILLES VIDES,
DU CARTON D'EMBALLAGE ET UN VIEUX PULL.

MATÉRIEL

- 7 BOUTEILLES EN PLASTIQUE
- DU CARTON ÉPAIS
- UN PULL À COL ROULÉ (TAILLE M)
- DU RUBAN ADHÉSIF LARGE
- UN MORCEAU DE FICELLE
- UN MOULE ROND (À USAGE D'EMPORTE-PIÈCE)
- DES CLOUS
- UN CUTTER ET DES CISEAUX
- DU FIL ET UNE AIGUILLE

1 Grouper les bouteilles debout et les assembler avec du ruban adhésif.

2 Choisir un moule rond de même diamètre que le lot ainsi obtenu. L'utiliser comme emporte-pièce afin de découper au cutter quatre disques de carton ainsi qu'une longue et large bande de carton pour faire le tour.

3 Fixer un disque dans l'épaisseur du carton de périphérie à l'aide de quelques clous. Disposer les bouteilles à l'intérieur et fixer le couvercle de la même façon.

4 Doubler chacun des disques (pour la solidité) et fixer le tout avec du ruban adhésif.

5 Retourner le pull à l'envers, supprimer les manches et coudre les ouvertures ainsi pratiquées. Fermer le col avec un bout de ficelle bien serré à mi-hauteur.

6 Disposer les manches en anneau afin de garnir l'assise. Enfiler le pull à l'endroit sur le tabouret. Coudre le bas du pull en dessous, en veillant à ne pas faire de bosses pour maintenir la stabilité du tabouret.

Comment fabriquer

des petites tables en béton

SIMPLISSIME : DU CIMENT, UN RÉCIPIENT ET TROIS PIEDS EN BRANCHAGE SOLIDE, EN TASSEAUX OU EN MANCHE À BALAI. AVEC, EN BONUS, UNE SURPRISE AU FOND DU MOULE...

MATÉRIEL

- DU CIMENT À PRISE RAPIDE
- UN RÉCIPIENT POUR MÉLANGER
- UN SEAU OU UN MOULE À GÂTEAU
- DES BRANCHES SOLIDES
- UNE SCIE
- DES CLOUS ET UN MARTEAU
- UNE FEUILLE DE CHOU, UN NAPPERON BRODÉ OU AUTRE DÉCORATION PLATE À INCRUSTER

1 Disposer au fond du seau ou du moule à gâteau la surprise que l'on veut faire apparaître : feuille de chou, napperon ou autre. (Elle restera immobilisée, on ne pourra plus la récupérer.) Un moule flexible, comme un seau de maçon, facilitera le démoulage, mais on peut utiliser un plat en inox.

2 Couper les branches de façon à obtenir une surface horizontale une fois qu'elles seront en place. C'est l'étape la plus délicate (sauf si l'on opte pour trois tasseaux inclinés de façon identique). Hérisser les extrémités qui seront immergées dans le béton de quelques clous : c'est essentiel, sinon les pieds ne tiendront pas après la rétractation du séchage.

3 Préparer le ciment, par exemple dans un ancien grand pot de peinture. Verser 1 tasse d'eau pour 6 tasses de ciment, mélanger vivement et ajuster le dosage selon la consistance et la quantité souhaitées.

4 Verser ce ciment dans le seau ou dans le moule pour obtenir une couche de 4 cm environ.

5 Planter les pieds cloutés dans le ciment frais. Soit ils tiennent debout (bûchettes de section large), soit ils s'appuient sur les bords du seau. Si l'on utilise un moule à gâteau plutôt qu'un seau, il est commode de le poser au fond d'une caisse en carton dont les flans soutiendront les pieds en l'air.

6 Laisser prendre pendant quelques heures, puis démouler délicatement en tapotant. Laisser la feuille sécher avant de la retirer... ou pas. À terme, le bois va bouger, mais les clous empêcheront les pieds de se déchausser.

Comment fabriquer un abat-jour en scotch

UN SIMPLE ROULEAU DE RUBAN ADHÉSIF ET LA JOIE DE FAIRE PRESQUE UNE BÊTISE D'ENFANT : LE DÉROULER, LE DÉCOUPER ET VOIR ÉVOLUER LA FORME AU FUR ET À MESURE... ON PEUT EN FAIRE UN ABAT-JOUR OU UNE ŒUVRE D'ART GRATUITE ET DÉCORATIVE, MAIS L'ABAT-JOUR A CECI D'INTÉRESSANT QUE LA LUMIÈRE REND VISIBLE LA SUPERPOSITION DES MORCEAUX DE SCOTCH, ET C'EST JOLI.

MATÉRIEL

- UN ROULEAU DE RUBAN ADHÉSIF COLORÉ (SUR LA PHOTO, DU RUBAN D'ÉLECTRICIEN PLASTIFIÉ)
- DES CISEAUX
- DES PAILLETTES ET AUTRES PETITES DÉCORATIONS
- UNE LAMPE À PETITE AMPOULE À LED ÉTROITE

1 Découper des petits morceaux d'adhésif et les coller à l'intérieur du rouleau de façon à les faire dépasser comme une couronne.

2 Réitérer cette opération autant de fois que souhaité, en élargissant cette couronne, qui prendra naturellement la forme d'un entonnoir.

3 On peut s'amuser à aller très loin, pourquoi pas même jusqu'à dérouler tout le rouleau de ruban adhésif ! On peut choisir de conserver la surface adhésive à l'extérieur ou d'inverser le sens des morceaux de scotch et d'opter plutôt pour un intérieur adhésif (ça prend moins la poussière). On peut aussi doubler le scotch : le résultat sera plus opaque, plus rigide et non adhésif.

4 Pour en faire un abat-jour, il faudra l'adapter sur une lampe dont l'ampoule est assez étroite pour passer par le trou du rouleau, et qui ne chauffe pas trop, par exemple une lampe de bureau à LED. On peut tout simplement utiliser un peu de scotch pour bricoler une fixation.

5 Facultatif : parsemer la surface adhésive de paillettes ou autres petites décorations.

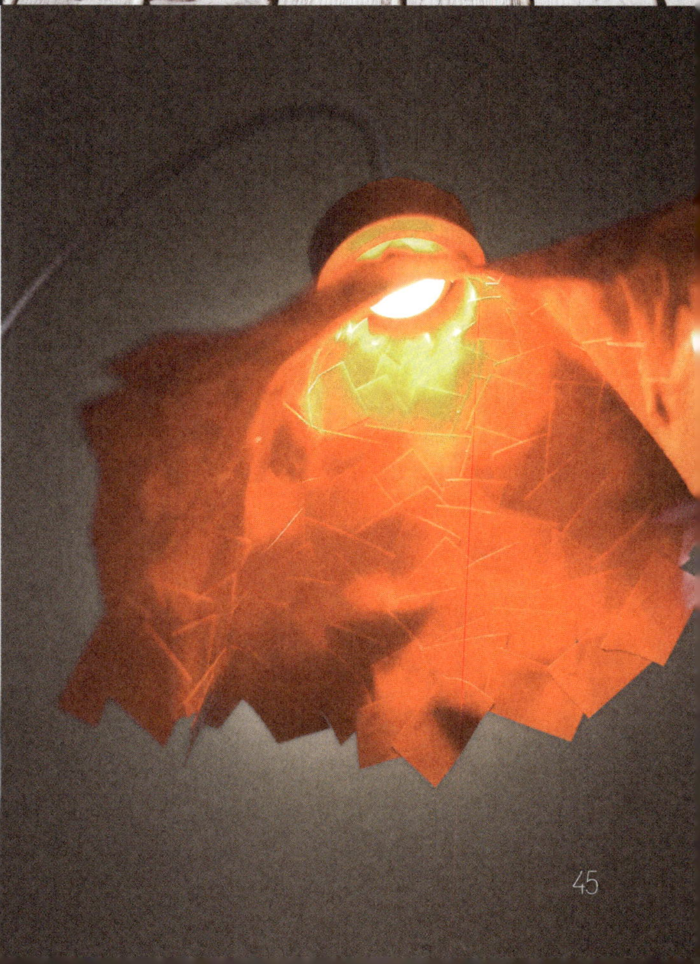

Comment faire

un mur en patchwork à 2 €

2 €, C'EST LE PRIX DE LA COLLE. LE PAPIER PEINT EST PRÉLEVÉ GRATUITEMENT DANS LES MAGASINS DE BRICOLAGE SOUS FORME D'ÉCHANTILLONS.

MATÉRIEL

- DES ÉCHANTILLONS DE PAPIER PEINT
- DE LA COLLE À PAPIER PEINT UNIVERSELLE
- UN CUTTER
- UNE GRANDE RÈGLE
- UN CRAYON NOIR
- UNE ÉQUERRE
- UN MARTYR (SUPPORT QUI NE CRAINT PAS LE CUTTER)
- UNE BASSINE
- UN PINCEAU EXTRA-LARGE
- UN CHIFFON

1 Préparer les échantillons de papier peint en les coupant bien droit au cutter à l'aide de l'équerre et de la règle.

Étape de réflexion à l'horizontale… qui peut prendre toute une journée !

2 Les disposer au sol pour choisir leur agencement. Placer ses préférés aux endroits stratégiques, puis combler les espaces avec ceux qui apporteront le meilleur contraste. On peut choisir de les faire se chevaucher ou pas.

3 Préparer la colle en versant de l'eau dans les paillettes, selon les quantités indiquées. Laisser reposer : elle va épaissir un peu.

4 Encoller les papiers, et éventuellement le mur aussi, pour faciliter la pose. Commencer par un coin du mur à angle droit. Maroufler avec le chiffon pour pousser les bulles d'air du centre vers l'extérieur de chaque papier. Veiller à ce que les bords soient bien encollés, au besoin en ajoutant de la colle au pinceau.

COMMENT FABRIQUER

un casier à bouteilles en boîtes de conserve

ZÉRO BUDGET ET HUIT BOUTEILLES CASÉES DANS UN MINIMUM DE PLACE.

MATÉRIEL

- 8 GRANDES BOÎTES DE CONSERVE VIDES
- UNE VIEILLE CEINTURE
- UN PISTOLET À COLLE

1 Découper les boîtes de conserve à l'ouvre-boîte de façon à ne conserver que les cylindres.

2 Les disposer de la façon la plus commode possible, selon l'emplacement dont on dispose.

3 Coller entre elles, à l'aide du pistolet à colle, les boîtes qui formeront la base.

4 Disposer les suivantes en marquant d'un trait de feutre les points de jonction avec les boîtes déjà collées (quand on colle au pistolet, il faut être bien organisé pour travailler rapidement).

5 Quand toutes les boîtes sont assemblées, les réunir avec une ceinture, par sécurité. Si on veut construire un casier plus grand, il est conseillé de l'insérer dans un cadre en bois.

Comment fabriquer un bar en palette

LE RECTO LISSE DES PALETTES SERT DE FAÇADE VISIBLE. CÔTÉ BARMAN, IL SUFFIT DE METTRE UN FOND AUX TRAVERSES, ET VOILÀ UN RANGEMENT POUR LES BOUTEILLES.

MATÉRIAUX
- UNE PALETTE
- DES TASSEAUX
- DES PLANCHES
- DES ÉQUERRES
- DES VIS
- DES ANIMAUX EN PLASTIQUE

1 Couper la palette à un tiers de sa longueur et assembler les deux pans en angle à l'aide d'équerres.

2 Visser des planchettes sous les traverses horizontales de façon à former des fonds: c'est dans ces tranchées que l'on glissera les bouteilles.

3 Fixer des planches au-dessus des palettes pour constituer le plan de travail, ainsi que sur les côtés (sur la photo, un assemblage de planches colorées).

4 Fixer des petits morceaux de tasseaux sous le plan de travail: c'est là que l'on enfilera le pied des verres, à l'envers.

5 En bonus, pour combler l'espace entre les planches, coller à la colle forte une collection de petits animaux en plastique coloré.

COMMENT FABRIQUER un grand dressing

NON-BRICOLEURS FAUCHÉS, N'AYEZ PAS PEUR : CE CHANTIER EST FAIT POUR VOUS. RIEN DE PLUS SIMPLE QUE CE DRESSING, POURTANT DE GRANDE TAILLE. LE TRUC CONSISTE À VOUS PROCURER UNE COMMODE, LAQUELLE SERVIRA DE BASE PUISQU'ON VIENDRA Y VISSER DEUX MONTANTS VERTICAUX (DES TABLETTES DE MÉLAMINÉ VENDUES À MOINS DE 10 € EN 2,50 M DE LONG). CETTE BASE CONFÈRE À TOUTE LA STRUCTURE SA SOLIDITÉ. IL NE RESTE PLUS QU'À DÉBITER DES TASSEAUX (BEAUCOUP MOINS CHERS QUE DES ÉQUERRES) AFIN DE LES FIXER AUX MURS ET SUR CES MONTANTS. POUR FINIR, UN RIDEAU EN GUISE DE PORTE. FACTURE : 150 € SI TOUT EST ACHETÉ NEUF, ET PRESQUE RIEN SI C'EST DE LA RÉCUP.

MATÉRIEL

- UNE COMMODE (60 € POUR MALM, CHEZ IKEA)
- QUATRE TABLETTES DE MÉLAMINÉ 250 X 50 X 18 CM (8 € PIÈCE)
- UN LOT DE 4 TASSEAUX DE 2 M DE LONG (5 €)
- DEUX BARRES DE PENDERIE (7 € PIÈCE)
- DEUX LOTS DE SUPPORTS À PENDERIE (3 € LE LOT)
- UN RIDEAU ET UN CÂBLE POUR L'ACCROCHER
- DES VIS ET DES CHEVILLES ADAPTÉES AUX MURS
- UNE SCIE
- UNE PERCEUSE-VISSEUSE
- UN NIVEAU À BULLE, UN MÈTRE ET UN CRAYON

1 Dessiner le plan de la penderie, sachant que la commode sera la base de la colonne centrale.

2 Placer la commode, plaquer les deux tablettes verticales sur ses flancs et les visser directement dedans.

3 Positionner un cintre comportant la plus longue chemise au-dessus de la commode pour déterminer l'emplacement de la tringle qui sera située à cet endroit. Idem pour l'autre tringle, destinée aux robes et manteaux.

4 Tracer des repères pour fixer les tablettes horizontales.

5 Découper les tablettes horizontales afin qu'elles rentrent entre les montants verticaux et les murs. (NB : il est plus facile de couper droit avec une scie circulaire qu'avec une scie sauteuse.)

6 Découper des segments de tasseaux de 50 cm de long (même largeur que les tablettes). Les visser aux emplacements prévus, ainsi que les supports des tringles.

7 Fixer un câble aussi proche que possible du plafond et y glisser les anneaux des rideaux.

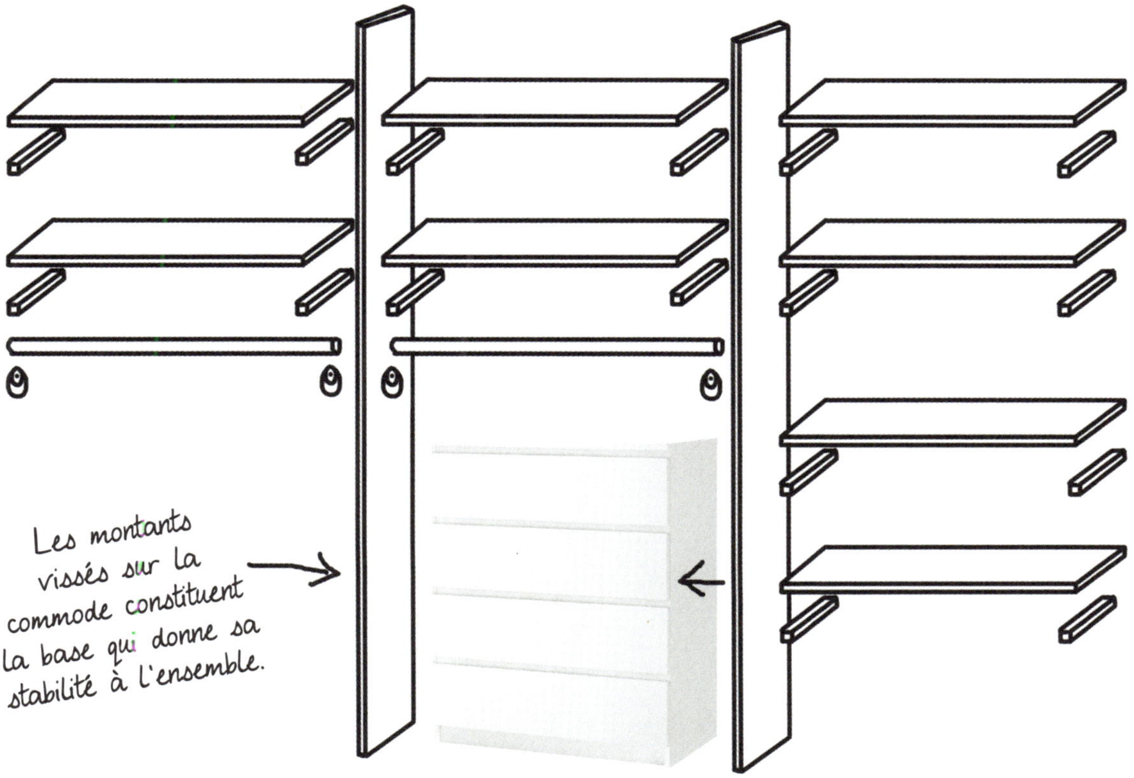

La penderie dans la vraie vie, avec son petit bazar...

Comment fabriquer un portemanteau en branchages

COMMENT FAIRE ENTRER L'ESPRIT
DE LA FORÊT JUSQUE CHEZ SOI...

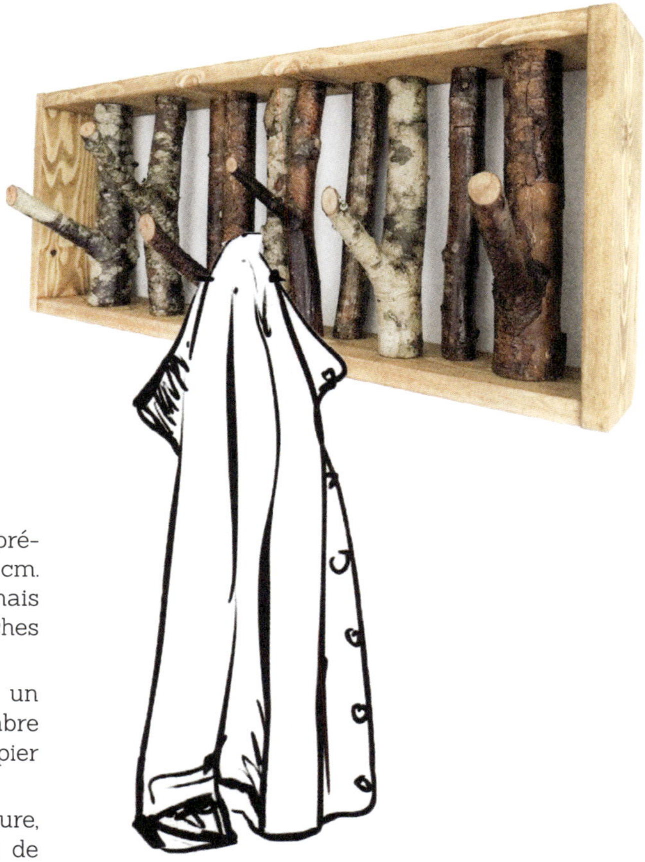

MATÉRIEL

- DES BRANCHES AVEC DES FOURCHES
- DES PLANCHES
- UNE SCIE
- DES VIS ET UNE PERCEUSE-VISSEUSE
- DU PAPIER DE VERRE
- DES CHEVILLES ADAPTÉES AU MUR
- 2 CROCHETS DROITS À PAS DE VIS

1 Scier les branches afin qu'elles fassent toutes précisément la même longueur, soit environ 25 cm. Privilégier celles qui forment une fourche, mais on peut aussi les faire alterner avec des branches droites.

2 Découper les planches de façon à former un cadre aux dimensions souhaitées selon le nombre de branches et leur longueur. Le fignoler au papier de verre pour qu'il soit bien lisse.

3 Pratiquer deux trous dans la planche supérieure, proches des angles et à 1 cm du fond, afin de pouvoir y enfiler les crochets.

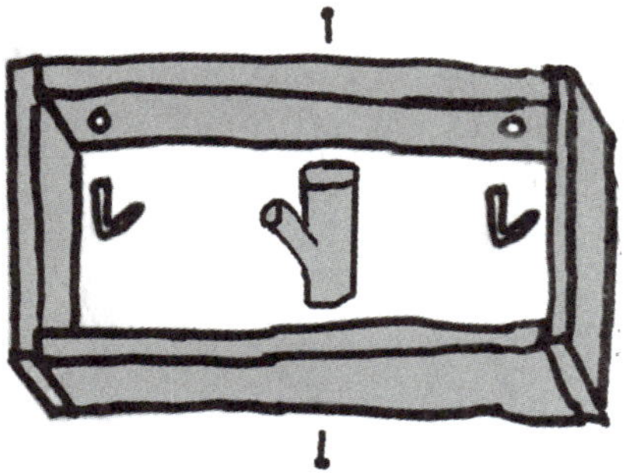

4 Insérer les branches dans le cadre. Perforer à la perceuse le cadre et le cœur de chaque extrémité de branche avec une mèche à bois fine.

5 Visser des vis dans ces trous pour fixer les branches au cadre.

6 Présenter le portemanteau, marquer le mur en face des trous prévus pour les crochets et percer le mur pour y enfoncer les chevilles adaptées. Y visser les crochets, pointes en haut, et enfoncer le cadre pour le fixer au mur.

Comment fabriquer un plafonnier en ombrelles de cocktail

DES PETITES DÉCOS À GLANER SUR LES TERRASSES DES CAFÉS OU À COLLECTIONNER PATIEMMENT AU HASARD DES GLACES DE L'ÉTÉ. LA BOULE CHINOISE DE BASE NE COÛTE QUE QUELQUES EUROS.

MATÉRIEL

- UN ABAT-JOUR EN SPHÈRE DE PAPIER
- DES OMBRELLES À COCKTAIL
- UN PISTOLET À COLLE

1 Ouvrir les ombrelles et les maintenir en position ouverte en poussant bien haut le petit élastique sur la pique.

2 Piquer une ombrelle dans la boule de papier pour faire un petit trou.

3 La retirer, briser la pique pour n'en garder que la moitié (sinon elle gênera la mise en place de l'ampoule).

4 Déposer une petite goutte de colle sur le trou à l'aide du pistolet, puis piquer définitivement l'ombrelle dedans.

5 Réitérer l'opération avec toutes les ombrelles, en les faisant se chevaucher et en alternant les couleurs.

Comment fabriquer une lampe avec une boîte de conserve

UNE PETITE LAMPE FACILE À FAIRE ET BON MARCHÉ.
ELLE A DEUX POSITIONS : SOIT POSÉE SUR UNE TABLE,
SOIT ACCROCHÉE AU MUR. DANS LES DEUX CAS,
ON PEUT LA FAIRE PIVOTER À SA GUISE.

MATÉRIEL

- UN CINTRE EN MÉTAL
- UNE GRANDE BOÎTE DE CONSERVE VIDE
- UN KIT DOUILLE + FIL + PRISE + INTERRUPTEUR
- 2 PETITES VIS + 2 ÉCROUS
- DU PAPIER DÉCORATIF + DE LA COLLE

1 Percer au fond de la boîte un cercle de petits trous de la taille de la douille. Achever la découpe de ce disque en tapant sur un tournevis avec un marteau.

2 Couper le cintre en deux endroits, juste après le creux au niveau des épaules. Replier ces deux pattes à 130°. Recourber les deux extrémités pour former deux crochets.

3 Percer deux trous à environ 4 cm du fond de la boîte, diamétralement opposés. Tester la possibilité d'y insérer les deux vis et d'y fixer les crochets.

4 Retirer les vis. Découper une bande de papier décoratif et la coller sur la boîte avec de la colle en bombe. Remettre les vis dans les trous. Quand le cintre sera en place, on serrera les boulons depuis l'intérieur de la boîte.

5 Démonter puis remonter la douille en faisant passer le fil dans le trou de la boîte, sans oublier de laisser l'anneau autour du fil mais à l'extérieur, et connecter les fils avant de revisser l'ensemble.

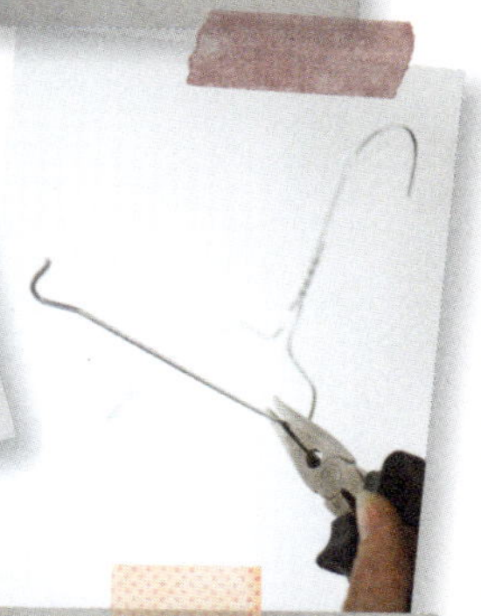
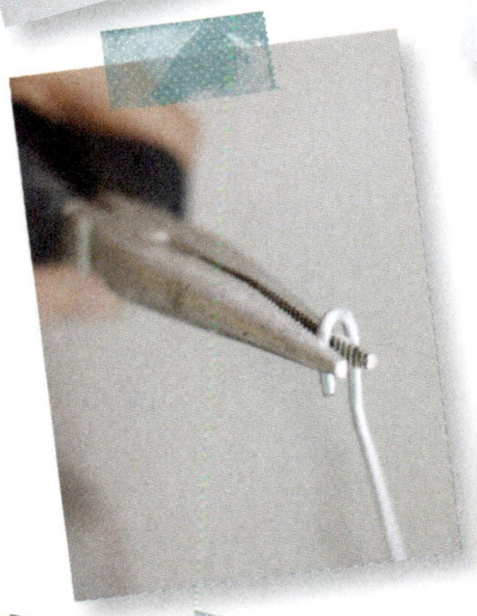

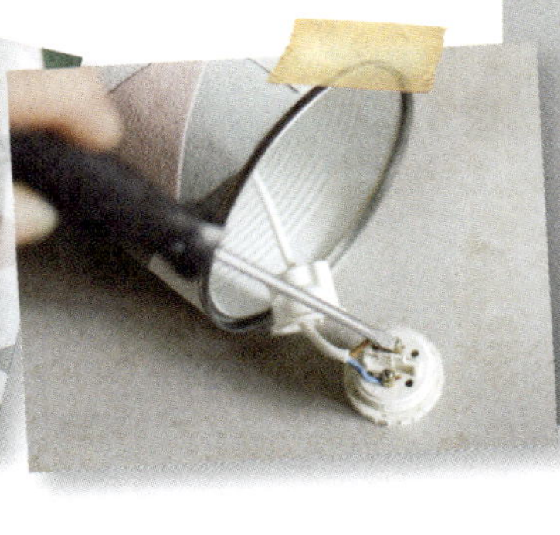

AU JARDIN

Comment faire des poireaux qui repoussent tout seuls

Plutôt que de jeter les bases des poireaux, pourquoi ne pas tenter de les faire repartir avec un simple fond d'eau ?

MATÉRIEL

- DES POIREAUX
- UN COUTEAU
- UN PLAT
- DE L'EAU

1 Au moment de préparer des poireaux en cuisine, sectionner la base 2 cm au-dessus des racines.

2 Verser un peu d'eau au fond d'un plat et y déposer ces bases de poireaux.

3 Attendre plusieurs jours, en veillant à ce que les racines soient toujours dans un fond d'eau (le changer s'il sent fort). C'est tout ! En quelques jours, les poireaux auront repoussé. Plus fins, avec peu de blanc, mais tout à fait comestibles.

À essayer aussi, sur le même principe : le fenouil, la laitue, le chou chinois et l'oignon vert.

COMMENT FAIRE un potager de pommes de terre sur son balcon

CULTIVER SES PROPRES LÉGUMES... UN RÊVE DIFFICILE À RÉALISER QUAND ON N'A PAS DE JARDIN (NI LA MAIN VERTE). CE MODESTE DISPOSITIF PERMET DE S'Y METTRE FACILEMENT. ET EN PLUS, ÇA FAIT UNE JOLIE PLANTE VERTE !

MATÉRIEL

- 2 SEAUX EN PLASTIQUE DE TAILLE IDENTIQUE
- UNE GRANDE COUPELLE POUR LA BASE (SAUF SI ON POSE LE POT SUR UN SOL DE TERRE)
- UN CUTTER
- DU TERREAU DE PLANTATION
- DE LA TERRE DE JARDIN
- QUELQUES POMMES DE TERRE

1 Laisser germer quelques pommes de terre (ou utiliser des pommes de terre qui ont déjà germé).

2 Découper de larges trous dans l'un des deux seaux, à l'aide du cutter.

3 Perforer le fond de l'autre seau pour que l'eau puisse s'en échapper.

4 Mélanger pour moitié de la terre de jardin ordinaire et du terreau de plantation. En tapisser le fond du pot découpé, placé dans l'autre seau, sur 15 cm d'épaisseur environ.

5 Enfoncer une ronde de pommes de terre dans cette terre, à 5 cm de profondeur, germes vers le haut, proches de la circonférence du pot et espacées de 10 cm au moins. La saison idéale pour cette phase est le mois de mars. Poser les pots emboîtés sur un sol de terre ou sur la coupelle (et en vider l'eau de pluie régulièrement).

6 Patienter pendant 3 semaines, en arrosant de temps en temps si le pot n'est pas exposé à la pluie. Si jamais il fait très froid, protéger la surface avec de la paille. Les pousses vont grandir et former des feuilles. Quand elles font environ 10 cm de haut, verser à nouveau 5 cm de mélange terre + terreau (les feuilles doivent dépasser).

7 Laisser pousser et renouveler cette opération jusqu'à atteindre le haut du pot : les tubercules vont se développer le long de la tige enfouie.

8 Quand le feuillage est fané, soit 3 à 4 mois plus tard, les pommes de terre sont prêtes à être récoltées !

COMMENT FABRIQUER

une banquette en palette

en moins d'une heure

UN PRINCIPE À ADAPTER SELON LE TYPE DE PALETTE QUE LE HASARD MET SUR LA ROUTE : LE DOSSIER CONSTITUE UN GROS TIERS DE LA PALETTE, ET IL VIENT S'ENCASTRER DANS L'INTERSTICE ENTRE DEUX PLANCHES DE L'ASSISE. LA DÉCO EST RÉALISÉE EN TOILE CIRÉE À MOTIFS, DÉCOUPÉE ET COLLÉE PAR ENDROITS.

MATÉRIEL

- UNE PALETTE
- DES CLOUS
- DES VIS
- UNE SCIE ÉGOÏNE
- UN CISEAU À BOIS
- UN MARTEAU
- UN TOURNEVIS
- UN PINCEAU
- DES CISEAUX
- DE LA PEINTURE
- DE LA TOILE CIRÉE À MOTIFS
- DE LA COLLE NÉOPRÈNE

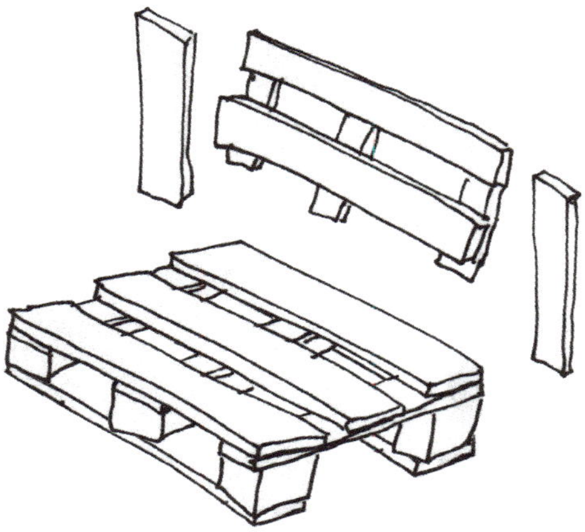

1 Scier la palette de façon à obtenir une assise qui repose sur quatre plots en guise de pieds, ce qui revient à en retirer un peu moins de la moitié, qui servira de dossier.

2 Retirer les plots et la planche fixés sous le morceau de palette constituant le futur dossier.

3 Élargir l'écart entre deux des planches de l'assise, à l'aide du ciseau à bois et du marteau, en trois endroits (aux extrémités et au milieu) afin de pouvoir y glisser en force les montants verticaux du dossier. Bien appuyer.

4 Couper la planche restante en deux morceaux de la hauteur totale du dossier et de l'assise. Visser ces deux planches verticales à l'arrière du dossier et dans les plots à l'arrière de l'assise.

5 On peut peindre cette banquette et y ajouter des ornements. Les décos sur la photo ont été découpées dans une chute de toile cirée, puis collées.

COMMENT FABRIQUER

un protège-selle de vélo

QUAND ON RETROUVE SON VÉLO MOUILLÉ APRÈS LA PLUIE, ON DÉGAINE DE SON SAC CETTE CHARLOTTE IMPERMÉABLE. ELLE EST ASTUCIEUSEMENT CONFECTIONNÉE AVEC UN MORCEAU DE SAC EN PLASTIQUE DE RÉCUP, EN DOUBLURE CACHÉE D'UN JOLI TISSU.

MATÉRIEL

- UN MORCEAU DE TISSU
- UN SAC EN PLASTIQUE SOLIDE (DU TYPE À POIGNÉES EN SANGLES)
- UN MORCEAU D'ÉLASTIQUE
- DU PAPIER POUR FAIRE LE PATRON
- DES ÉPINGLES DE COUTURE
- UN CRAYON, DES CISEAUX, UN MÈTRE SOUPLE
- UNE GROSSE ÉPINGLE DE NOURRICE
- UNE MACHINE À COUDRE

1 Poser la feuille de papier sur la selle du vélo pour en tracer le contour. Découper cette forme qui servira de patron.

2 Poser ce patron sur le sac en plastique, tracer le contour et découper.

3 Épingler cette forme en plastique sur le tissu et découper, non pas au bord, mais en ajoutant 1 cm tout autour.

4 Assembler le plastique et le tissu par une couture faite à la machine près du bord.

5 Mesurer la circonférence de cette forme. Découper une bande de tissu de 8 cm de largeur environ et de la longueur de cette circonférence + 2 cm.

6 Bâtir un ourlet sur cette bande (pour pouvoir y passer l'élastique), puis la coudre à la machine sur la forme de la selle, endroit contre endroit, de façon que le plastique soit à l'intérieur de cette charlotte. Finir de coudre à la main les deux extrémités de la bande.

7 Passer le morceau d'élastique dans l'ourlet, après l'avoir piqué dans une épingle de nourrice pour faciliter la manipulation. Retirer l'épingle et nouer l'élastique.

Comment fabriquer un sifflet en noyau d'abricot

LES ENFANTS S'AMUSENT SOUVENT DE JOUETS QUI NE COÛTENT RIEN, BRICOLÉS À PARTIR DE CE QU'OFFRE LA NATURE. EN VOICI UN EXEMPLE FACILE À RÉALISER, MÊME PAR UNE PETITE MAIN.

MATÉRIEL

- UN ABRICOT
- UNE SURFACE RUGUEUSE (ROCHER, BÉTON...)

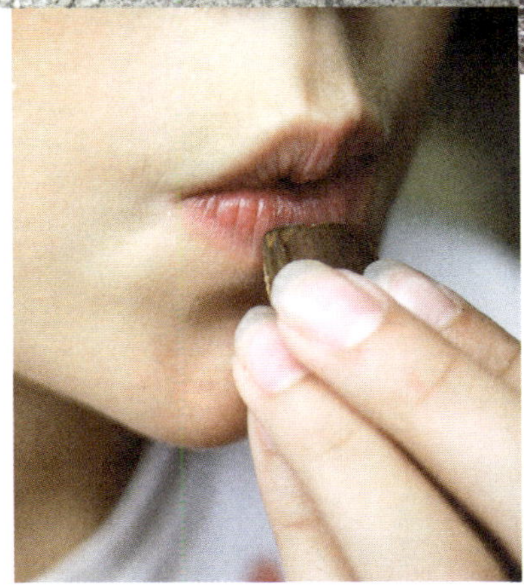

1 Manger l'abricot et récupérer le noyau.

2 Le frotter sur du béton ou de la pierre rugueuse de façon à user la pointe jusqu'à ce qu'il soit possible de retirer l'amande.

3 Tenir le noyau verticalement devant sa bouche et souffler dans l'orifice : un très net sifflement devrait retentir.

4 Pour l'avoir toujours sur soi, on peut aussi s'amuser à en faire un pendentif en collant un petit anneau ou en nouant un filet de ficelle de cuisine.

Comment fabriquer un brasero avec un tambour de machine à laver

C'EST TOUJOURS TRISTE, UN APPAREIL ÉLECTROMÉNAGER EN PANNE. ÇA VIENT GROSSIR LES TAS DE MATÉRIELS À OBSOLESCENCE PROGRAMMÉE. ALORS, SI ON PEUT AU MOINS EN FAIRE UN FEU DE JOIE...

MATÉRIEL

- UN TAMBOUR DE MACHINE À LAVER À HUBLOT
- UN SOCLE QUI NE CRAINT PAS LE FEU
  (tabouret en métal, pieds de lit ou de chaise, voire tasseaux ou simples briques)

1 On trouve parfois des tambours de machine à laver chez Emmaüs. Sinon, le récupérer sur une machine en panne. C'est assez long, il faut démonter la machine en commençant par l'arrière. On trouve des tutoriels en ligne.

2 Comme le tambour possède déjà des trous à la base et sur les côtés, on peut assez facilement y fixer des pieds avec des boulons. Sur la photo, il est seulement posé sur un tabouret métallique de récupération. On en voit sur Internet posés sur toutes sortes de supports, y compris une ancienne tondeuse transformée en socle roulant.

3 Pour l'utiliser en brasero, on fait un feu à l'intérieur, à l'abri du vent grâce aux parois, lesquelles transmettent la chaleur. Dans l'obscurité, la lueur des flammes à travers les petits trous donne du charme au dispositif...

Comment fabriquer un transat de plage pliant

UNE SERVIETTE ET DEUX BOUTS DE BOIS : AVEC UNE INGÉNIOSITÉ DIGNE DES SCOUTS, CE SIMPLE ASSEMBLAGE GARANTIT UN VRAI CONFORT POUR UN MINIMUM D'ENCOMBREMENT !

1 Faire un revers de 13 cm à l'une des extrémités de la serviette de plage et surpiquer le long des quatre lignes en pointillé sur le schéma (au moins un aller-retour pour que ces coutures soient bien solides).

2 Percer d'un trou fin les deux bâtons à 33 cm de l'une des extrémités. Passer une ficelle dans le trou et la nouer autour des bâtons pour les assembler sans empêcher leur articulation.

3 Partir à la plage en enroulant la serviette autour des bâtons. Pour l'installer, on la déplie, on ouvre le croisillon, on le pique dans le sable (petit côté vers le bas) et on enfile les angles de la serviette dans les autres bouts.

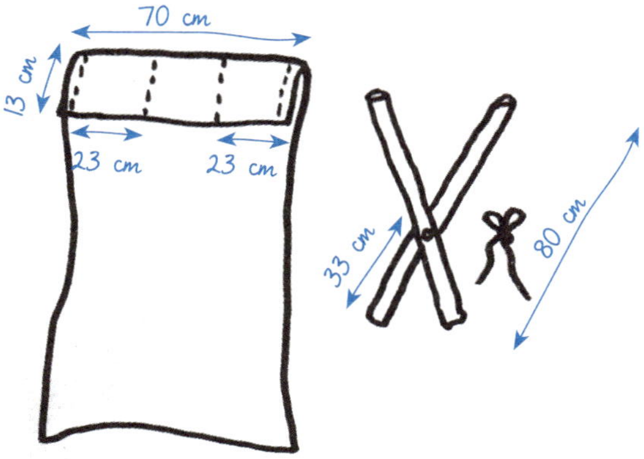

MATÉRIEL

- UNE SERVIETTE DE PLAGE DE 70 CM DE LARGE
- 2 BÂTONS DE 80 CM DE LONG (BAMBOUS, BRANCHES SOLIDES OU MANCHES À BALAI)
- UN PETIT MORCEAU DE FICELLE
- UNE MACHINE À COUDRE
- UNE PERCEUSE

Comment faire du purin d'orties

À LA FOIS ENGRAIS ET ANTI-NUISIBLES, LE PURIN D'ORTIES EST CONSIDÉRÉ PAR LES JARDINIERS COMME UNE SORTE DE PANACÉE. DE L'ART DE CONVERTIR EN BIENFAIT UNE PRÉTENDUE MAUVAISE HERBE.

MATÉRIEL

- 1 KG D'ORTIES FRAÎCHES
- 10 L D'EAU DE PLUIE
- DES GANTS
- UN SÉCATEUR
- UNE BALANCE
- UN TRÈS GRAND RÉCIPIENT NON MÉTALLIQUE
- UN LINGE
- UN MORCEAU DE FICELLE
- DES BIDONS

1 Récupérer de l'eau de pluie. À défaut, si c'est de l'eau du robinet, la laisser exposée à l'air pendant 3 jours pour que le chlore s'évapore. Si l'eau est très calcaire, ajouter 5 c. à s. de vinaigre blanc pour équilibrer le pH.

2 Couper au sécateur un grand nombre de feuilles d'ortie avec leur tige, en se protégeant avec des gants. Les peser : on doit en avoir 1 kg.

3 Les mettre à macérer avec l'eau dans un récipient assez grand pour pouvoir brasser le mélange.

4 Laisser macérer sous couvert du linge, à l'ombre, en brassant une fois par jour.

5 Au bout de 4 à 10 jours, une mousse blanche apparaît en surface.

6 Mélanger. Quelques jours plus tard, quand il n'y a plus de mousse, même quand on mélange, c'est que le purin est prêt. Il ne faut pas attendre plus longtemps, sinon il entrera en putréfaction. Le purin a une odeur, mais celle-ci ne doit pas être infecte.

7 Nouer le linge sur le récipient et s'en servir comme filtre pour verser le liquide dans les bidons. Il doit être exempt d'impuretés, sinon la fermentation se poursuit.

8 Conserver les bidons au frais dans la cave, jusqu'à un an. Le purin d'orties s'utilise en arrosage, toujours dilué à 10 %, jamais pur. Pour une pulvérisation directe sur les feuilles, le diluer à 5 %.

Comment fabriquer des lanternes d'hiver en boules de glace

DES LANTERNES MAGNIFIQUES RÉALISÉES UNIQUEMENT EN EAU GELÉE. SI LE TEMPS EST SUFFISAMMENT FROID AU MOMENT DES FÊTES DE FIN D'ANNÉE, ELLES POURRONT TENIR DEHORS, SUR LE PERRON DE LA MAISON, AVEC UNE BOUGIE DE BIENVENUE.

MATÉRIEL

- DES BALLONS DE BAUDRUCHE
- DE L'EAU
- DES BOUGIES CHAUFFE-PLAT

1 Enfiler l'embout d'un ballon sur le robinet de l'évier et le remplir d'eau. Fermer avec un nœud.

2 Le laisser au congélateur jusqu'au lendemain.

3 Quand la glace est prise, retirer le ballon du congélateur : après une nuit, le cœur de la boule devrait être encore liquide. Déchirer le ballon et vider l'eau.

4 On obtient une sphère translucide magnifique. Il suffit de mettre une bougie au milieu.

COMMENT INSTALLER

une baignoire d'extérieur

chauffée au feu de bois

MATÉRIEL

- UNE BAIGNOIRE EN FONTE
- DES PIERRES
- DEUX VITRES SOLIDES EN GUISE DE COUVERCLE
- DU RUBAN ADHÉSIF TOILÉ
- UNE PLANCHE POUR L'ASSISE
- DE L'EAU ET UN TUYAU D'ARROSAGE
- DE QUOI FAIRE UN FEU
- FACULTATIF : DES SELS DE BAIN, DES PÉTALES OU DES INFUSIONS QUI N'ABÎMERONT PAS L'ÉCOSYSTÈME DU JARDIN

L'ALLIANCE DE L'EAU, DU FEU ET DU PLEIN CIEL, VOIRE DES ÉTOILES. UN RÊVE DE BAIN NORDIQUE OU D'ONSEN JAPONAIS. UN RÊVE À PORTÉE DE MAIN : IL SUFFIT DE RÉCUPÉRER UNE BAIGNOIRE EN FONTE. SON INSTALLATION EST MINIMALE, DU MOMENT QU'UN TUYAU D'ARROSAGE PERMET DE LA REMPLIR. ON FAIT UN PETIT FEU DESSOUS, ELLE DEVIENT GRANDE MARMITE. ON ÉTEINT, ON S'IMMERGE, ON SAVOURE LA VUE, LES ODEURS, LES SENSATIONS. ET LES ENFANTS ADORENT AUSSI, BIEN SÛR…

1 Bien choisir l'emplacement de la baignoire, sur un sol pas trop meuble et à proximité d'un point d'eau afin de pouvoir la remplir à l'aide d'un tuyau d'arrosage. La porter jusqu'à l'emplacement choisi et prendre quelques repères au sol.

2 Piocher un peu l'emplacement du foyer. L'espace final du feu fera tout au plus 40 cm de largeur et 30 cm de hauteur.

3 Creuser sous l'emplacement de la bonde une petite rigole qui évacuera l'eau loin du foyer.

4 Caler la baignoire. Habiller l'extérieur en montant un parement de pierres sèches, afin de la fondre dans le paysage. Daller également de pierres plates le parvis devant le foyer, par sécurité, ainsi que le fond du foyer (l'humidité qui remonte du sol pourrait rendre difficile l'allumage du papier journal).

5 Protéger les bords des vitres avec du ruban adhésif (ou un cadre de bois) pour éviter de se couper les mains quand on les manipulera.

6 Remplir la baignoire d'eau aux deux tiers. Parfumer l'eau avec des sels, ou avec des fleurs si celles-ci ont besoin d'infuser. La recouvrir des plaques de verre pour la faire chauffer au soleil pendant plusieurs heures.

7 Si la température obtenue n'est pas suffisante, faire un petit feu en dessous : un quart d'heure suffit, c'est comme une grande marmite. Éteindre le feu avant d'entrer dans l'eau (pas comme sur la photo !).

8 S'asseoir au fond du bain sur une petite planche de bois pour se protéger de la paroi, qui sera très chaude, au début du bain. Elle aura l'avantage de garder l'eau à bonne température bien plus longtemps qu'un bain ordinaire. Une fois dans le bain, on peut même recouvrir la baignoire des plaques de verre se chevauchant, pour garder l'eau chaude encore plus longtemps.

COMMENT FABRIQUER

une balustrade végétalisée en palettes

PRÉCIEUSES PALETTES ! ELLES SERVENT ICI À FAIRE UNE SOLIDE RAMBARDE DE TERRASSE, AVEC EN BONUS L'OPTION VÉGÉTALISATION : LA FACE INTERNE DES PALETTES SE TRANSFORME FACILEMENT EN BACS À PLANTES.

La balustrade côté extérieur

La planche qui assemble et sert d'appui.

MATÉRIEL

- DES PALETTES DE TAILLE IDENTIQUE
- DES PLANCHES LONGUES
- DES VIS COURTES ET DES VIS TRÈS LONGUES
- DES CHUTES DE TISSU
- DU TERREAU ET DES PLANTES

1 Disposer les palettes côte à côte, face lisse à l'extérieur, et les fixer au sol par de longues vis obliques.

2 Visser une longue planche au-dessus qui servira à assembler les palettes et qui constituera la zone d'appui. La poncer.

3 Couper des planches d'une taille adéquate pour former le socle des jardinières et les visser par en dessous.

4 Tapisser l'intérieur des bacs ainsi constitués avec les chutes de tissu, puis remplir de terreau et planter les végétaux choisis.

Vue de l'intérieur
avant végétalisation

La planche qui sert
de fond au bac.

INDEX

ABAT-JOUR en scotch, p. 44
ANTI-POUX, p. 20
AROMATES EN POUDRE, p. 10
BAIGNOIRE D'EXTÉRIEUR, p. 68
BAIN DE BOUCHE à la ronce, p. 16
BALUSTRADE végétalisée en palettes, p. 70
BANQUETTE en palette, p. 60
BAR en palette, p. 49
BRASERO avec un tambour de machine à laver, p. 66
CASIER À BOUTEILLES en conserves, p. 48
CHAUFFAGE D'APPOINT à la bougie, p. 36
CHAUFFERETTES en aiguilles de sapin, p. 33
CHAUSSONS en vieux gilet, p. 27
CONFITURE avec les fruits des rhums, p. 13
CONFITURE d'écorces de citron, p. 12
COUPELLE en noix de coco, p. 30
DIFFUSEUR D'HUILES ESSENTIELLES, p. 24
DRESSING, p. 50
FUSAIN en sapin de Noël, p. 32
GEL ANTI-POUX, p. 20
GRATTOUNETTES en filets à légumes, p. 19
INFUSIONS DE « MAUVAISES » HERBES, p. 16
KÉFIR D'EAU, p. 14
LAMPE À HUILE, p. 28
LAMPE avec une boîte de conserve, p. 54
LANTERNES en boules de glace, p. 67
LESSIVE AU LIERRE, p. 17
MUR EN PATCHWORK à 2 €, p. 46
PESTO de fanes de radis, p. 8
PLAFONNIER en ombrelles de cocktail, p. 53
POIREAUX qui repoussent tout seuls, p. 58
PORTE-MONNAIE avec une brique de jus, p. 34
PORTEMANTEAU en branchages, p. 52
POTAGER DE POMMES DE TERRE, p. 59
PROTÈGE-SELLE DE VÉLO, p. 62
PURIN D'ORTIES, p. 66
SAC en tee-shirt, p. 26
SAVONNETTES en restes de savon, p. 18
SIFFLET en noyau d'abricot, p. 63
TABLES en béton, p. 42
TABOURET en bouteilles, p. 40
TRANSAT DE PLAGE pliant, p. 65
VASE dans une ampoule, p. 31
VINAIGRE DE CIDRE, p. 9